MADERA Y CUERDA

Evelio Miñano Martínez

Madera y cuerda

© Del texto: Evelio Miñano Martínez
© De la corrección: Evelio Miñano Martínez
© De esta edición: NPQ Editores
www.npqeditores.com
edicion@npqeditores.com

Primera edición: marzo, 2024

Impreso en España

Los papeles que usamos son ecológicos, libres de cloro y proceden de bosques gestionados de manera eficiente.

ISBN: 978-84-19924-66-7
Depósito legal: V-1083-2024

Madera y cuerda

Evelio Miñano Martínez

Godella, 2024

A mi perro Bogart, tan paciente con el guitarrista.

Sobre trastes de guijas
cuerdas mueve de plata.
GÓNGORA

La musique souvent me prend comme une mer !
BAUDELAIRE

Prefacio del autor

Estos sonetos fueron escritos por un *mal* estudiante de guitarra, hace quince o veinte años. Por alguna razón, la guitarra se convirtió para él en una buena amiga durante un tiempo. Desde la adolescencia, le gustaba el instrumento, en particular, las piezas de Brouwer, Villa-Lobos, Tárrega, etc. Pasados los cuarenta, se puso a estudiar guitarra con un ansia febril por cubrir cuanto antes las etapas y conseguir interpretar algunas de esas piezas. ¿Qué extraño fuego lo animaba, después del trabajo, para apartar otras preocupaciones y dedicarle horas y sudores al instrumento? Esas ansias fueron nefastas: sumadas a los vicios ya contraídos de aficionado, hicieron de él un indisciplinado, un iluso. Si hubo avances, la falta de un previo andamiaje sólido impidió que se consolidaran. Pero, aun así, persistió unos años. Finalmente, con el paso del tiempo, la guitarra, que tanto le ayudó en un momento, fue relegada a segundo plano y casi olvidada del todo, como recuerda el último soneto de este librillo.

Mientras tocaba o hacía sus ejercicios, se dio cuenta de que algo extraño ocurría en su mente, algo que quizás compartía con otros amantes de la guitarra. Efectivamente, mientras sujetaba el mástil y los dedos pulsaban las cuerdas, una parte de él escapaba de ese esfuerzo. Escapaba y regresaba con una extraña cosecha de impresiones, intuiciones, pensamientos más o menos configurados. La guitarra, así, ya era más que un instrumento al que hubiera que sacarle un sonido. Quizás porque el esfuerzo generaba un estado anímico a la vez tenso y relajado, centrado y disperso, una intersección entre la materia y la fantasía, entre el recuerdo y el olvido, las sesiones de guitarra se convirtieron en una especie de *trance* personal: indagación en sí, enigmática unión consigo mismo, manteniendo el mundo circundante en perspectiva, desde la mano y los dedos que se afanaban hasta las mayores lejanías.

Y así, con una cosecha más o menos vaga de palabras e ideas, sustentada en la honda emoción producida por la música, se encontró un día escribiendo sonetos tras las sesiones de guitarra. Sonetos que intentaban reflejar algo de las inmisericordes piezas que le habían vencido y de la relación trabada con el instrumento abrazado, pero que también desarrollaban emociones, pensamientos, ráfagas y paradojas que aquellos *trances* le habían regalado. ¿Por qué sonetos? Cierto que no eran los primeros que escribía. Años atrás, ya había pasado por los arduos esfuerzos de los primeros, sufriendo la falta de pericia necesaria para no ahogar la inspiración en un laberinto de normas e imposiciones, esa técnica necesaria para que las normas dejen de ser un obstáculo y se conviertan en resortes de la creatividad, esas *gênes exquises* (molestias exquisitas) de las que hablaba Paul Valéry. Tal vez fuera presuntuoso, pero le parecía que el soneto se había vuelto más *amable* con él por la vecindad de la guitarra; algo que, por cierto, no hizo la guitarra… Y si era indisciplinado en sus ejercicios de guitarrista aficionado, se tomó la revancha intentando cumplir con las normas de lo que entendía por un soneto clásico, al menos, en su aspecto formal.

He vuelto a leer esos sonetos hace unos días y, sin saber muy bien por qué, he decidido compartirlos con los lectores que se aventuren por estas sendas. Me he limitado a unos meros retoques rítmicos, intentando respetar los veinte años de distancia entre la voz que suena en ellos y la que aquí habla. A decir verdad, sí hay un soneto más reciente en la colección: el último, "Guitarra olvidada", escrito años después de dejar el instrumento, cuando se había consumado el olvido. En el resto, suena una misma respiración. Un diálogo ya pasado entre la música y la poesía.

La música de la guitarra y la música del soneto acaso se hayan amado en la palabra, provocando estas series de imágenes, pensamientos, asociaciones más o menos esbozadas, atisbos más o menos definidos. En todo caso, mientras escribía, dotaron de una deliciosa intensidad a los momentos vividos, con sus incertidumbres y paradojas. Y renovaron energías para seguir adelante. Quién sabe, tal vez la lectura de estos sonetos tenga un efecto similar…

Evelio Miñano Martínez, Godella, 2024.

I
El guitarrista

Te gusta oírte respirar a veces,
mientras tocas, sentir cómo se altera
con suavidad la cuerda o la madera
y, leve, junto a ellas te estremeces,

desconociendo a quién, a qué le ofreces
la música que nadie, nada espera,
ignorando por qué razón se esmera
tu mano y tú, de pronto, te entristeces.

Tal vez porque aún tocas con las manos
y no sabes tocar con roce de alas,
de piedras o de labios deseados,

no sabes cómo desgarrar las galas
de esta belleza, con dolores vanos
de muertos en patera o torturados.

II
Francisco Tárrega, *Vals en la mayor*

Anegando tu mano en su corriente,
el vals pregunta al tiempo y al amor,
les sigue preguntando suavemente
el porqué de su estela y su fulgor,

los anilla en su danza refulgente,
les pregunta con lúbrico candor
qué buscan estos dedos de repente
en su cuerpo afanados con ardor.

Y mientras suena y sigue preguntando,
un vibrante, un undoso sortilegio
los envuelve, los baila, regalando

en el jardín secreto del arpegio
leves eternidades sin más dueño
que quien escuche en él su propio sueño.

III
Mano deslizándose

La mano se desliza silenciosa
por las cuerdas. ¿Qué busca? ¿Qué fulgor
de intangibles? ¿Qué holgura? ¿Qué temblor
radiante? ¿Qué caricia minuciosa

de sierpe destejida que, sinuosa,
en el tiempo anillándose, el rumor
secreto de la luz, el resplandor
de los abismos suavemente acosa?

¡Oh sediento de nieblas! ¡Qué espejismo
de tu más honda sed al labio mismo
de la música fías fluctuante!

¡Lo que buscas tal vez, oh zahorí,
esté en el puro esfuerzo de este instante,
en tu afán, en tu ahora y en tu aquí!

IV
Brouwer, *Estudios sencillos* n°6

Se cuenta que Tristán, herido a muerte,
sufriendo por el hierro envenenado
de Morholt, quiso ser abandonado
con su arpa, entre las olas y a su suerte.

El estudio de Brouwer suena, vierte
su piélago de acordes ondulado,
su inquieta mansedumbre que ha imantado
el ensueño, su ciego rumbo inerte,

mientras la mano pone aún su empeño
en suavizar con pulcritud la escarpa
del tiempo, música mezclando y sueño.

No sabe quién se acerca a Irlanda, Iseo.
Tristán no sabe cómo suena su arpa
en mi guitarra, mientras lo entreveo.

V
Árbol y guitarra

Paseas. Te detienes de repente.
La luz. Un árbol. Rozas la corteza.
Un labio, una enigmática aspereza
en tu piel se desliza suavemente

y ya desciende, mórbida serpiente
que lamiendo el abismo despereza
tu quién, tu qué, tu cuándo, tu incerteza
en una hipnosis ciega y refulgente.

Ahora estás en casa. Estás tocando.
Se deslizan tus dedos y recuerdas
áspero y suave el tronco entre las cuerdas.

Y tus nieblas del qué, del quién, del cuándo
despiertan en la música que, oscura,
las anilla en su fúlgida aventura.

VI
Francisco Tárrega, *Lágrima*

¿Y quién te llora, quién te pesa, leve
pálpito de la luz y el cuerpo, mera
emanación de cuerdas y madera,
sutil espíritu del aire breve?

¿Qué pálido secreto el tiempo debe
a tu puro existir, qué extraña espera?
¿Qué tristeza en sí misma se entrevera,
qué sed, si suenas, en sí misma bebe?

Pero transcurres siempre sin respuestas,
e indiferente al pertinaz empeño
que sigue preguntando, no contestas,

mientras encarnas en el hondo sueño,
nacida en la recóndita aspereza,
la herida mágica de la belleza.

VII
Guitarra venal

—¿Qué te ocurre, guitarra? ¿Y a ti, mano?
Los dedos por los trastes se deslizan
como aturdidos hoy, las uñas pinzan
pura niebla en las cuerdas. Todo en vano:

los sonidos con áspero desgano
manan, abúlicos se deshechizan,
ni el sueño ni la luz sus velas izan
en ligado, en arpegio, en forte o piano.

¿Acaso estoy negándote una dádiva
íntima y misteriosa que debía?
¿De qué ensueño o pasión mía estás ávida?

—¡Acércame tu labio al ondulante
labio de mi silencio. Allí, ignorante,
sabrás qué me negaste y yo quería!

VIII
Albéniz, *Tango*

¡Guitarra de las horas largas! Breves
mientras la mano siente un hondo impulso
por curvar los sonidos pulso a pulso,
por amainarlos en el tiempo leves.

¡Nimbadas horas si los dedos mueves
y en el esfuerzo más tenaz e insulso
por un compás, por una nota incluso,
una energía misteriosa bebes!

¡Arduas delicias de este tango! Intentas
seducirlo entregándote, entregando
lo más ignoto de tu corazón.

Y sin saber siquiera qué le cuentas,
él te regala, a veces, contestando,
destellos de su ciega perfección.

IX
Guitarra recordada

Te llegan en la calle los acordes
amortiguados de un adolescente
que estudia su guitarra lentamente
en la tarde alargada. No lo estorbes,

mientras trae su música a tu mente
recuerdos tantos de inmisericordes
trémolos o ligados, que los bordes
de tus dedos rozaban vanamente,

mientras el agua de los charcos besa
los resplandores últimos y el viento,
acariciando límites, no cesa.

¡Dichoso aquel que abraza este instrumento:
aun sin saberlo así, seguirá abrazado,
en la música, al tiempo enamorado!

X
Francisco Tárrega,
Recuerdos de la Alhambra

Ya suena y fluye el trémolo vibrante
trenzándose en el agua y en la cuerda.
¿Qué quiere? ¿Quién evoca? ¿Qué recuerda
transcurriéndose suave y fluctuante?

¿Del arabesco, acaso, el oscilante
sueño, el enigma que sin fin concuerda
consigo a la derecha y a la izquierda
de su geometría deslizante?

¿Arcos donde se curva de sutil
espuma el tiempo? ¿Formas que enamora
lo invisible en su místico pensil?

Nada tal vez, sino tú mismo ahora
en enigma y recuerdo convertido,
absorto por la nada y seducido.

XI
Iluso migrante

¿De la música, qué esperas ahora?
¿Captar de la belleza un resplandor?
¿De lo perfecto, acaso, un turbador
destello y una fúlgida demora?

Ya lo intentaste, pobre iluso, otrora
y siempre hallaste el mórbido estupor
que no soporta, oh frágil bebedor,
la luz de la belleza cegadora.

¿No sientes la aspereza, entre las cuerdas,
de tu piel o tus sueños? ¿La distancia
que cada nota en tu deseo escancia?

¡Oh trémulo migrante, no te pierdas
buscando el más incierto de los istmos
y navega tocando tus abismos!

XII
Villalobos, *Preludio nº 1* (1940)

Suena el grave glissando y ya te entregas.
¿Qué amargura dirá esta melodía
casi monótona? ¿Hasta dónde fía
las ásperas estrellas de sus ciegas

y leves disonancias? ¿Dónde llegas
ahora que en un breve mediodía
de radiantes escalas a porfía,
feliz por un instante, ya te anegas?

Miras la fecha de la partitura:
pintas en el son grave el holocausto,
en las escalas fúlgidas la oscura

esperanza de un tiempo tan infausto.
Las notas te hacen reo del arcano
de la belleza y el dolor humano.

XIII
Finales

Vano estudio de grises: ya declina
la tarde. Andas, respiras, solo, al filo
mudo de la luz, casi con sigilo.
¿Qué acaso ahora, qué tal vez termina?

¿Qué acaba de manera repentina
cuando la pulsación final en vilo
te deja unos instantes, tras el hilo
de su vibrante, de su blanda espina?

Misteriosa es la grana y aún más
la noche que se atisba. Misterioso
el arco iris que el postrer compás

dibuja en el silencio y el reposo.
Esta ardiente ignorancia que te anega
en la belleza, esta deshora ciega.

XIV
Francisco Tárrega, *Capricho árabe*

El placer: sus caprichos misteriosos,
sus fugaces, sus ciegas, sus felinas
fantasías. La música: sus finas
espumas, sus misterios caprichosos.

Empapar los afanes sinuosos
en la miel abisal de tus salinas.
Afilar de estas notas las espinas
líquidas en los sueños silenciosos.

Este pulcro, este fúlgido tesón
—boca, labios, salivas que adivinan—
por escalar la máxima fruición.

Por encarnar aquí sin aspereza
—mordentes, ligaduras que imaginan—
la sensual, la mística belleza.

XV
Guitarra adolescente

Y ahora ya te invade el nebuloso
recuerdo de aquel hosco adolescente
que, por las tardes, lejos de la gente,
tocaba su guitarra silencioso.

En el bálsamo amargo y vaporoso
de sus lánguidos tedios, de repente,
la guitarra templaba el ansia ardiente
en un río vibrante y sinuoso.

Tárrega, Albéniz, Villa-lobos, Falla:
¡era tal su impaciencia que en las cuerdas
se le alzó vuestra fúlgida muralla!

Años después, a tientas, lo recuerdas
buscando ahora el pálido, el secreto
rumor de su guitarra en un soneto.

XVI
Vivaldi, *Concierto en re mayor*,
transcripción para dos guitarras

¿Qué sed, la luz? ¿Qué luz, el tiempo ahora?
¿Qué piel, qué suavidad acariciada
en labios del transcurso, mientras cada
compás enciende, irisa y enamora

los límites difusos? ¿Dónde escora
la conciencia? ¿En qué sueños? ¿En qué nada?
¿Qué vibración a ciegas te traslada
más allá del sonido y de la hora?

Vislumbras a lo lejos las figuras
extrañas de tu mano, el ademán
insólito del brazo, las oscuras,

las rozadas estrellas que ya van,
desde la humilde cuerda o la madera,
rasgando en la belleza su quimera.

XVII
Guitarra olvidada

Guitarra sinuosa y olvidada,
sola, desafinando en un rincón
porque nadie te toca. O afinada,
tal vez, al intangible diapasón

del tiempo silencioso que te nada,
del espacio, cuya única obsesión
es definir tu forma de ondulada
madera con aguda precisión.

¡Quién habría podido imaginar
que aquel que te tocaba sin demora
te dejaría un día de tocar!

Sonando ungiste antaño su amargura.
¡Unge sonando en el recuerdo ahora,
guitarra, de su vida la aventura!

Índice